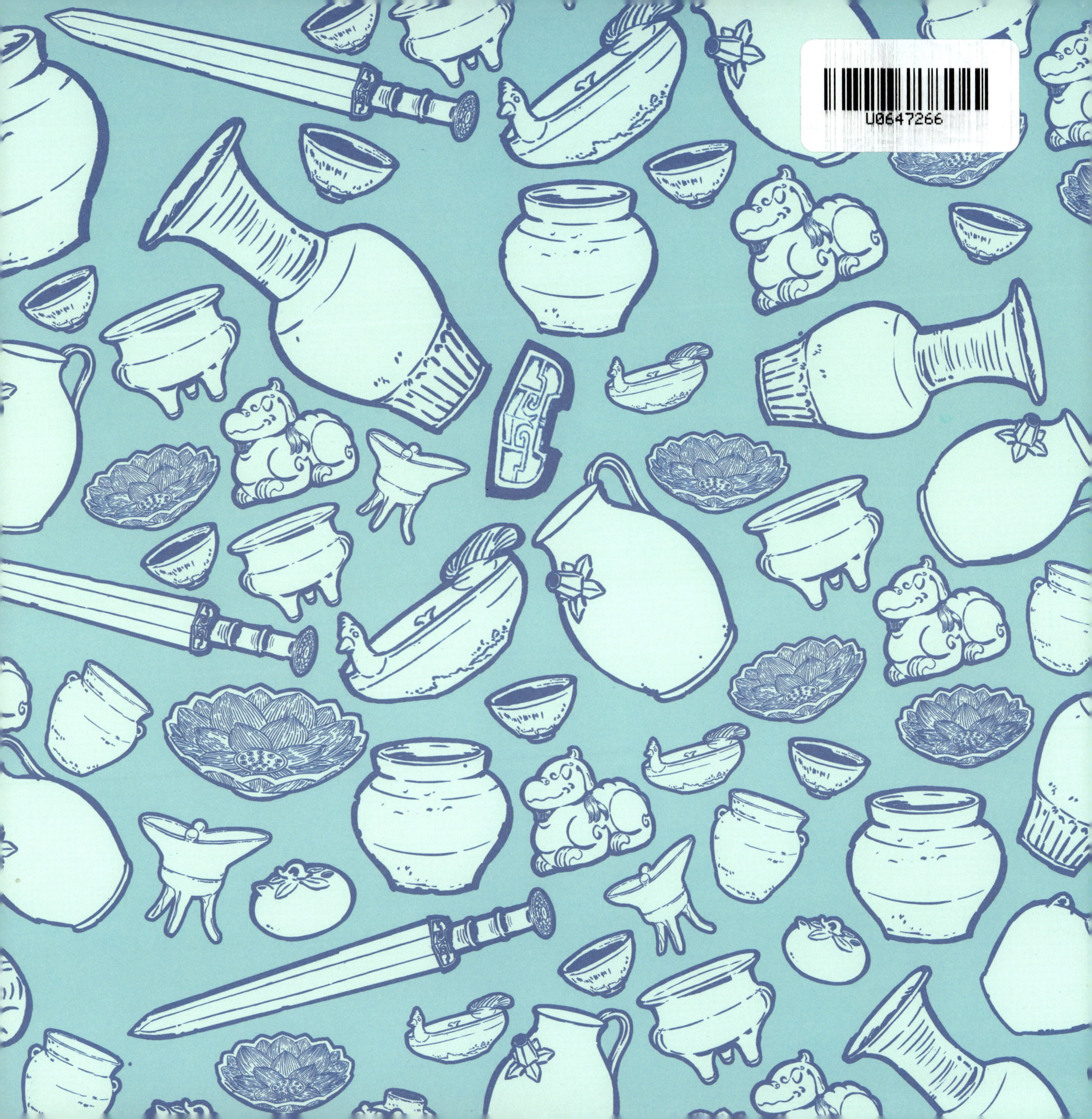

杭州历史文化校本课程系列

寻找回家的路 2

金霄航 / 主编

ZHEJIANG UNIVERSITY PRESS
浙江大学出版社

寄　语

　　杭州，从良渚文明的曙光中走来。数千年中，她穿过了吴越争霸的弥漫硝烟；她怀揣魏晋之风，踏进传颂千年的唐诗之路；她还见证了宋室南迁和京都梦华——在历史的涤荡下，淡妆浓抹总相宜的西子湖畔，是繁华天城的如画风情。

　　江山如画，人杰地灵；钟灵毓秀，物华天宝。生活在这片土地上的人们勤劳、智慧而勇敢，为我们后人留下了无尽的文化瑰宝。

　　为让更多的青少年能轻松愉快地走近历史，了解杭州本土文化，继《寻找回家的路》之后，杭州博物馆再次精选十件代表性文物，为小学高年级的小读者们编写了《寻找回家的路2》绘本故事书。

　　故事中主人公杭小博和杭小建再次踏上了穿越之旅，在时光隧道中寻找失散的小伙伴。他们一路将遇见"战国几何纹平脊青铜剑""唐代越窑青釉瓷执壶""元代蓝釉描金爵杯"等一件件珍稀文物，在这些文物中觅得线索，破解隐藏其背后的历史信息和密码，想方设法开启时空之门，找到回家的路……

　　我们希望跌宕起伏的故事情节、精美绝伦的精品文物，加上书中融合的多媒体手段，能带给每位读者一段快乐阅读的时光。你可以扫扫书中二维码，看看文物故事的小视频，从更多的维度去探究杭州的历史文化。

　　翻开《寻找回家的路2》，一起踏上穿越之旅，祝你在历史的长河中旅途愉快！

编委会

金霄航　　黄　燕　　邹　芬　　王小冰　　陈姣燕

徐　颖　　高　嫄　　阎晶宇　　颜　珏　　沈　焱

阅读指南

　　本书是根据十件文物设计而成的故事书，这些文物大多是杭州博物馆的精品馆藏。故事以游戏通关的形式展开，主人公小建每一次穿越，都必须在那个情境中找到一件指定的文物，并准确地叫出文物的名字，了解文物的信息，才能使回家的路越来越清晰。

　　小朋友们，赶紧来和小建一起试一试吧！文中标注的器物在文后还有详细的说明信息哦。

前情提要

    距今5万年前的浙江杭州建德乌龟洞原住民杭小建因为一颗牙齿意外地穿越到了杭州博物馆，他急切地想要回家。博物馆里的考古小博士杭小博挺身而出，两个小伙伴利用文物的力量踏入不同时空。他们见证过神秘的良渚祭祀仪式，遭遇过战国匠人的围追堵截，游览过北宋杭州城，还目睹了民国时期刚刚修建好的钱塘江大桥被炸毁……在杭小博的帮助下，杭小建的回家之路越来越清晰，最终找到了开启时空之门的钥匙。

距今5万年前的某个初夏，气温一天比一天高，浙江杭州建德乌龟山上的小花小草长得越来越茂盛。日光透过层层叠叠的树叶，落下斑驳的树影。八岁的杭小建正和小伙伴们在河边捕鱼，清清凉凉的河水刚刚没过他的小腿肚。只见他弯着腰站在水中，一双眼睛牢牢盯着不远处正游过来的一条大鱼。

哗啦——，小建猛地抱起水里的鱼儿，大声呼唤小伙伴们："抓到啦！我抓到啦！"

小伙伴们闻声一看，哇，这鱼足足有手臂那么长！大家一面帮小建把大鱼搬上岸，一面七嘴八舌地说这条鱼是目前为止捕到的最大的一条鱼啦。小建得意地笑了起来，眼睛亮晶晶的，满是自豪。

大家把大鱼放进一个小水塘，又重新四散开去捕鱼，他们可都说好了，谁能捕到最大的一条鱼，就能得到那根漂亮的鹿角。小建心里乐滋滋的，又想尝试去捕更大的鱼，他顺着河流独自慢慢往上游蹚去。

突然，他听到一个熟悉的声音："小建！小建！"

小建疑惑地抬头，四处看了看，这里可什么人也没有呀。他挠挠头，小伙伴们都在下游，他想，难道是自己出现幻觉了？

"小建！这里！看左边看左边！"

小建惊讶地转过头去，只见一块大石头的后面隐约有一顶圆圆的帽子。这帽子好熟悉……哎呀，这这这，这不是小博的帽子吗！小建立刻跑了过去，只见小博一脸着急的样子，额头上都急出了汗。

"小博，好久不见啦！我可真想你！"小建笑着给了小博一个大大的拥抱。

小博把小建拽到身边，小声又急切地说："你知不知道一个叫阿夏的女孩子？头发长长的，眼睛大大的，笑起来的时候有一对小酒窝。"

小建奇怪地说："你认识阿夏？她是我的好朋友，今天一大早就和阿姨们出去采果子啦。"

2 小博从口袋里掏出一个铁黑色的小圆盘，伸出手指在圆盘中心点了点，只见半空中忽然泛起了一阵小小的水蓝色涟漪，涟漪平息后，一个圆圆脸的小女孩出现在了蓝色光幕上。

"哎呀！阿夏怎么在里面？"小建探过脑袋，好奇地在画面上戳了戳，没想到手指却凭空穿过了画面，什么也没碰到。

"这是虚拟影像，我们看得到，摸不到。"

小建惊讶地捻了捻手指，问到："她是在一间大房子里吗？可是，阿夏和大家出去采果子了，应该在树林里啊。"

小博解释说："今天早上我接到时空警察的通知，说是你的一个小伙伴不小心被卷入了时空乱流，穿越到其他时空去了。这应该是她现在所在地方的影像。"

"等等，你的意思是阿夏穿越了？她怎样才能回来呢？"小建一脸茫然地问，瞪大了眼睛不可置信地说。

"进入时空通道是需要有媒介物的，之前你是通过你爸爸的那颗牙齿打开时空通道的。阿夏，她是拿什么做媒介的呢？"小博眉头皱得紧紧地问。

3 小建愣了一下，嘴巴张了又合，合了又张，好半天才扭扭捏捏地说："那个，有件事我一直没有告诉你。我第一次到博物馆的时候，在地上捡到过一枝黄色的小花，很香很香的小花……后来我们回到乌龟洞以后，我发现那枝花还在我身上……那个，我觉得它还挺好看的，所以就送给阿夏了……"

小博惊讶得几乎要跳起来，"你什么时候捡的花？我怎么不知道？等一下，你的意思是，你带着那枝花穿越时空了？"

"呃——呵呵。"小建心虚地挠头，看天看地就是不看小博。

小博连忙打开时空罗盘，拨了拨上面的指针，只见半空中又出现了一片蓝色光幕。光幕上是一个穿着虎皮裙的小男孩，他紧张地左看右看，眼睛里还隐约泛着泪光。

"啊！这不是我吗？"小建指着光幕中的人说。

小男孩似乎是害怕极了，一只手无意识地在地上摸索着。突然，他碰到了一根细细的树枝，树枝上开着几簇漂亮的黄色小花。小男孩疑惑地拿起那枝花，凑到鼻子底下嗅了嗅。

"那是……桂花？"小博凑近了脑袋仔细辨认。

"桂花？是那种黄色小花的名字吗？"小建疑惑地问。

　　没等小博回答，光幕上画面一转，戴着渔夫帽的小博突然出现，小男孩吓了一跳，愣了好久才站起身来。只见他顺手把那枝桂花塞进了虎皮裙，然后伸手戳了戳小博的胳膊……

　　看完了前因后果，小博表情多少带这点无奈："你之前拿的小朵香花，名字叫桂花，是杭州的市花，所以博物馆里栽了许多。博物馆里的文物，其实都是一个一个的时空之门。这些桂花和博物馆的文物处在同一时空久了，互相之间有感应力。将桂花带在身边，它就会带着阿夏以时间为序，以文物为节点，在历史的长河里不断向前漂流——她每触碰到一件文物，时间流就会将她往前推送一段……"

　　小建急得拉着小博的袖子问："那现在该怎么办？阿夏胆子可小了，她一个人一定很孤单、很害怕！"

　　小博想了想说："我们可以用时空罗盘进行追踪，但一枝桂花能保留的时空之力一般不会太多，如果我们和阿夏身处不同的时空，很难实时定位到。好在阿夏触碰过的文物，都会发出淡淡光芒，我们只能追着这些光来找她了，一站一站找去，总能找到阿夏，帮她寻到回家的路。"

4 小博点点头说："没错。博物馆的文物是历史长河中遗留下来的珍宝，也是连接古今的纽带。不过我们可得抓紧时间了，一旦那枝桂花上的时空之力消散，阿夏就很可能会迷失在时空通道中，再也回不来了。"

"那我们现在就走！"小建急得几乎要跳起来。

他着急地拉着小博往前走了两步，猛地又停了下来，好像想到了什么似的皱起了眉头。紧跟在他身后的小博差点没撞上，踉跄了两步才稳住身子，扶了扶脑袋上的帽子疑惑地看向小建。

"可是，这一回，我们都不知道阿夏去哪里了，怎么找她呀？"小建愁眉苦脸。

"嘿嘿，你忘了我是博物馆的考古小博士了吗？我有这个！"说着，小博献宝似的晃了晃手中的小圆盘。

小建盯着巴掌大的铁黑色圆盘，只见这圆盘也不知道是用什么材料做的，看上去十分坚硬，上面有奇怪的图案和文字，还有两根小小的短棒子，一根长，一根短。小建左看看右看看，又挠挠头，问："这是什么？"

"这是时空罗盘，上面短一点的那根是时间指针，能指向历史上的各个朝代，长一点的那根是空间指针，它能定位地点。确定了时间和空间，我们就能找到穿越的坐标点了。最最重要的是，它能在时空通道中产生一个能量罩，保护我们不迷失在时空通道中，还能查看本时空枢纽的文物在历史中的状态，并且记录下它们的影像。现在，我们输入关键词——金桂花树枝、乌龟洞女孩……"

"有了时空罗盘的指引，我们就能到达阿夏曾经到过的时间段。不过按照这样的方式找人会有一定的滞后性，我也不知道我们能不能在第一时间准确无误地定位到阿夏。"

　　"不要紧，我们都有过一次穿越的经验了，之前还克服了那么多的困难，我相信一定能找到阿夏的！"

　　小博朝小建竖起了大拇指，随后拨动了罗盘上的那根短短的时间指针，不一会儿，只见一条蓝色的小细线从罗盘中冒了出来，飘飘忽忽地指向了前方。远处的河面上，渐渐泛起一片幽幽的金色光芒。

　　"那就一起出发吧！"

1 咕嘟——咕嘟咕嘟——

一条长长的河道里，河水正缓缓地向前流去。突然，平缓的河流中心猛地冒出了一个圆圆的脑袋，周边的鱼儿一扭身，倏忽间四散开去。

哗啦一声，杭小建轻巧地浮上水面，伸手抹了一把脸。

这里是什么地方呀？小建一边划水，一边在心里默默地问。

"小建！哎呀——救命！我，我不会……"

杭小建正浮在水里转着脑袋看四周，听到熟悉的声音后吃了一惊。他往声音传来的方向游了一段，定睛一看，只见小博在不远处的水里浮浮沉沉，两只手胡乱地扑腾，一张脸憋得通红，眼看就要沉下去了！

"快救……"

小建的心陡然一紧，暗道一声不好，双腿一蹬，手臂一划，嗖地一下向前游了过去。他在水里好像一条自在的游鱼，几乎是立刻抓到了小博，一只手穿过他肩膀下方，另一只手划动水面，拖着人往岸边游了过去。

"咳咳咳——"小博手忙脚乱地爬上岸，狠狠喘了几口气，瘫坐在了地上。

小建转身从河边的石头缝里捞起小博的帽子，看着他狼狈的样子忍不住笑了起来说："原来你不会游泳啊！我还以为你什么都会哪。"

小博有些尴尬地从小建手里接过帽子，缓了好一会儿后才无奈地说："这个，我以后一定会好好学的。这次真是谢谢你了！"

两人正说笑着的时候，突然发现四周是一片水域，小建收起了笑容满脸疑惑地问道："小博，这是哪里呀？"

小博赶紧拿出时空罗盘，盯着上面的图案和文字仔细瞧着，惊呼道："有了！我们现在在公元前3000年左右的良渚！"

　　"原来这里是良渚，怪不得我觉得有点熟悉。"小建听到熟悉的字眼，眨眨眼，随后伸长脖子看了看周围，指着远处说，"那边高高的土台子是不是就是我们上回到过的祭坛？"

　　小博可没心思去确认祭坛，他对着时空罗盘研究了好一会儿，有些发愁地说："你的小伙伴阿夏并没有来到过这个时间段，可是时空罗盘却带我们来到了这里，看来时空混乱的程度比我想象得更严重。"

　　"什么？！"小建这时候也顾不上四处打量了，着急地开口，"那我们赶紧离开这里呀。"

　　"时空罗盘不能频繁使用，否则它耗费的能量会很大。"小博摇摇头，他想了想说，"我们得去上一次去过的祭坛。祭坛在良渚拥有十分重要的意义，良渚人相信他们能够在祭坛上沟通天地神灵，其实它本身就是一个时空通道的入口。"

　　"哦！上一回，我们也是在祭坛上穿越时空的。"小博恍然大悟。

　　"没错。"

　　两人快速沿着河道朝良渚古城走去，没一会儿就看到了远处一条长长的棕黄色土墙。小建耳朵一动，隐约听到有人在说话。他停下脚步警觉地回头一看，果然看见身后不远处的河面上漂来好几只木筏，每只木筏上都零散地站着几个人，他们脚边还堆了一堆泥土块。

　　小建使劲儿拉拉小博的袖子，把他往一旁的芦苇丛中推。小博被拽得一个趔趄，刚要开口就被小建一把捂住了嘴巴。小建头一扭，嘴一嘟，小博探出脑袋一看，这才明白过来。两人猫着腰又看了一会儿，小博小声地说："这是良渚人修建水坝的队伍，你看他们脚边的泥土块，就是水坝的原材料。"

　　"水坝？那是什么？"

"我们刚刚看到的那条长长的土墙就是水坝，良渚人利用水坝阻挡洪水。"小博解释说，"你看，他们生活的地方地势比较低，周围有好多的河流和浅水滩，背后还有好几座大山，每到雨季，山上的山洪就会倾泄而下，引发水灾。所以，良渚人修建水坝，开挖河道，把洪水挡在城外。"

　　"哦，上回那个闯祭坛的男人说的话实现了呀。"小建若有所思地点点头说，"可是，用泥土的话，水流一大，还是会被冲散的呀。"

　　"对。"小博看着木筏漂流远去，朝小建招招手，两人继续朝着古城走去。"所以，良渚人就用茅草裹住泥巴，用草裹泥来建造水坝。"

　　"用茅草裹住泥巴？怎么做的？那样做有用吗？"小建扁扁嘴，十分怀疑。

　　"良渚人住的地方，周围有很多芦苇、茅草，他们把这些草割倒，用铲子把草下面的淤泥割成一块一块的，放在草上一滚，沾上淤泥，再用芦苇绑扎，就做成了草裹泥。这种草裹泥堆起来以后，贴合得非常紧密，漏水的概率非常小。建成后的水坝不仅能够阻挡洪水，还能起到一个引流的作用，把多余的洪水引向别的地方，这样一来，生活在这里的人们就能安然地繁衍生息啦。"

　　"原来是这样，良渚人可真聪明！"

　　说着说着，两人已经靠近了古城城墙。从他们所在的地方朝前看，能清晰地看见河道远处就有一条正在修建的水坝。水坝前方，刚刚他们在河面上看到的木筏整齐地排列着，几个男子弯着腰，把木筏上的泥土块搬下来。他们身后的地方，好多人正在忙碌地劳作，把草裹泥堆砌起来。

　　小博指了指水坝延伸的方向说："你看，良渚人为了能省时省力，在修建水坝的时候还注意结合地形，把水坝和自然山体连接在一起，用最少的干预，达到最好的治水效果。"

　　小建点点头，他看了看还没有完工的水坝，心里对良渚人的敬意又多了一分。不过他还惦记着要快些找到阿夏，拉着小博的手说："我们还是快进城去吧。"

2 两人穿过高高的城墙，巧妙地避开行人，一路小跑进入了古城。也幸好这是大白天，古城里的人要么在修建水坝，要么出去种田打渔，少数成年人也都在玉器作坊里忙着制作玉器。小建和小博一路经过房屋、玉器作坊、堆满稻谷的仓库，没多久到了祭坛前。

小博一面拉着小建往祭坛上走，一面笑着说："这个祭坛其实就是在一座低矮的小山上建起来的啊。上回我们是直接落在祭坛上的，所以你没发现。良渚人花费了很多心血在祭坛的修建上，整座祭坛差不多是个方形，以不同的土色分为内外三层，是不是很精致？"

"感觉神神秘秘的，这有什么特别的讲究吗？"

"这可不好说，或许是为了衬托祭坛的神秘色彩呢？"小博意味深长地说。

没一会儿，两人就爬到了祭坛上，小建四处看了看，一个人都没有。他急忙催促小博试试时空罗盘能不能定位到阿夏，既然祭坛本身就是时空通道的入口，那罗盘就只需要负责找到阿夏就好啦。

小博捧着罗盘摆弄了好一会儿，走到这边，又走到那边。终于，罗盘上又浮现出一条蓝色的小细线。

　　小建兴奋地搓搓手，说："快快快！我们能走了！"

　　小博点点头，不一会儿，两人的身形慢慢消散在祭坛上。一阵暖风飘过，祭坛上又变得空无一人。

3 "哎哟！"小建和小博同时痛呼出声，又同时飞快地捂住了自己的嘴——他们从时空通道里出来后没站稳，一不小心摔作了一团，脑袋都撞得发麻。两人喘着粗气，伸手揉揉脑袋，龇牙咧嘴地互相看了一眼，立马警觉地抬头看了看四周。

这似乎是一个庄园的角落，有高高的草丛，两人正巧摔在草堆里。

"这里是战国时期，时空罗盘显示阿夏曾经来到过这个时间段——根据这里的异常波动，确定这里的某件物品曾经和那枝桂花枝有过异常接触，我们只要找到这件文物，就能追上阿夏的脚步了。"小博说道。"那太好了！"小建喜笑颜开，连忙站起身来，顺手拉起了小博，想要赶紧去找到那件文物。这时，他俩耳边突然传来一阵阵美妙的声音。这声音好听极了，音调有规律地起起伏伏，小博不由自主地被吸引了过去，而小建已经听得如痴如醉了。

　　小博心思一动，踮起脚尖，朝声音传来的方向望去："那边好像有人，我们去那儿看看。"

　　两人猫着腰，小心翼翼地从草丛里钻了出来，贴着墙角绕了过去，找了一个光线昏暗的角落并排蹲下，谁都没有惊动。

　　宽阔的厅堂里，或坐或站地挤了好多人，正中间的筵席上端正地坐着一个男子。他大约和小建的爸爸差不多年纪，穿着深色的衣服，留着长长的胡须，不时地举起酒杯向两边坐着的人示意。

　　小博扯了扯小建的胳膊，指着中间的男子说："那个应该就是这里的主人了，他在这里举办宴会呢。"小建点了点头，睁大眼睛仔细看了过去。那人有着一张方方正正的脸，衣服上的花纹漂亮极了。

　　"他们吃东西的时候可真讲究啊。"

　　"春秋战国时期人们还是很重视礼仪的，像这样的宴饮主人都是贵族。"

　　"原来是这样。对了，我们要怎么找到那件文物呢？用时空罗盘吗？"小建看了一会儿，想起自己的任务，低声问小博。

　　"当然。"小博从口袋里拿出时空罗盘，伸手在罗盘中心点了点。

　　只见罗盘发出了一圈微弱的金黄色光圈，一道蓝色的光幕凭空出现在半空中。

　　"哎呀！快拿下来，会被发现的！"小建被蓝光照了一脸，吓得急忙去扯小博的手。

4 小博身子一晃，躲过了小建伸过来的手，笑眯眯地解释："你可别小瞧了时空罗盘，只有穿越过历史的人才能看到罗盘投射的光幕，其他人是看不到的。你看，他们其实什么也看不到。"

小建一愣，转头一瞧，果然，这蓝色的光幕明明就在半空中，那么显眼，可这里的人们竟然没有一个人注意到。

"这可真是……太神奇了。"小建喃喃道。

小博抿着嘴笑了一下，指了指光幕说："快看，那是阿夏！"

蓝色的光幕里，穿着虎皮裙的小女孩走在长长的回廊上，她小心翼翼地躲着人，每一步都走得十分谨慎。她似乎身处一个大大的房间，房间里空荡荡的，什么人都没有，只有一把短剑孤零零地摆在木架子上。**这把剑可真漂亮啊，它金灿灿的，剑刃锋利，在灯火的映照下微微泛着光芒，靠近把手的部位还有漂亮的石头做装饰。阿夏似乎是被这把剑吸引住了，好奇地走上前去，围着剑转了好几圈。**

"你看，那剑的剑身上，浮起了一层淡淡的金光。阿夏身上一定带着那枝桂花呢，它和那把剑相互呼应，阿夏就是被这种相互呼应的引力引向那把剑的呢。"小博笃定地说，一面猜测着原因。

小建来不及惊讶，光幕里的阿夏转了好几圈，终于忍不住朝铜剑伸出手去。只一晃眼的工夫，她整个人就不见啦。

小博收起时空罗盘，解释说："那把剑其实是博物馆里的一件珍贵文物，它的名字是几何纹平脊青铜剑。"

"那阿夏是回到博物馆了吗？"小建满怀期待地问。

"恐怕很难。"小博摇摇头，"战国时期距离21世纪虽然只有1000多年，但阿夏本身和你一样，都生活在5万年前，一枝桂花上蕴含的能量不足以支撑阿夏直接穿越过去。我想，阿夏很可能已经去了其他时空。不过，既然她是因为那把铜剑穿越的，那我们就可以顺路追上去。"

小建有些失望，不过很快就调整好心态，小声地说："说起来，那把剑的样子还真有点像我们捕猎时候用的长石块呢。"

　　"你这么一说还真是有点相似。不过这种铜短剑可不是用来捕猎的，你看它还不到40厘米，是挂在身上用来自卫防身的。战国时期，各国混战不休，因为时不时地就会打仗，人们对兵器的需求非常大，这一时期的兵器制作也十分发达。在这些制作铜剑的国家里，越国的铸剑水平最高，很多国家的贵族都以自己能够拥有一把越国制作的铜剑为傲呢。'越民铸宝剑，出匣吐寒芒'，说的就是越国的青铜宝剑。"小博细细地解释着。

5 两人开始在人群中搜索着光幕中的那把短剑。宴会上人影幢幢，不时有侍女端着酒壶和长勺给席地而坐的宾客添酒，小建和小博瞪大眼睛找了好久，结果却是一无所获。

"难道，那把剑不在这里吗？"小博喃喃地问。

"哎哎哎！你看那里！那个宴会主人的腰间，是不是有把剑？"小建突然兴奋地开口。

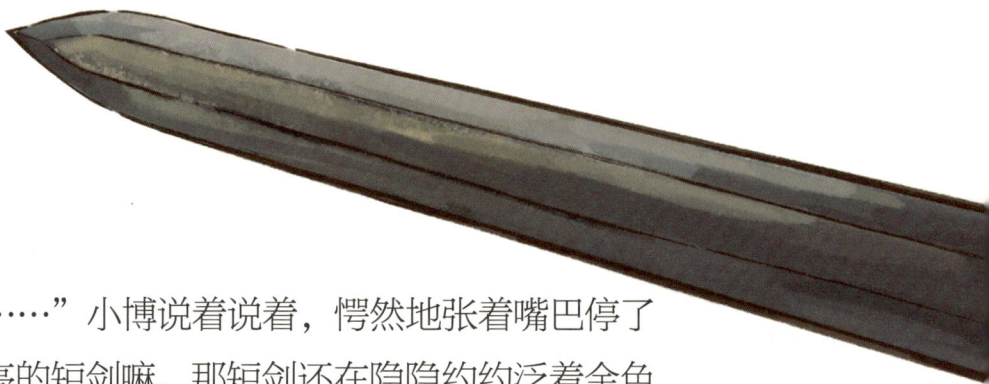

"刚刚我们就看过了啊，他身上哪里有……"小博说着说着，愕然地张着嘴巴停了下来。那位主人的腰间，可不正挂着一柄漂亮的短剑嘛。那短剑还在隐隐约约泛着金色的光芒呢！

金灿灿的，靠近把手的部位还有漂亮的石头做装饰。
没错了，就是罗盘光幕里投射的那把青铜宝剑。

然而只是一错眼的工夫，那位主人放下手中的酒杯，宽宽的衣袖一盖，正好遮挡住了腰间的短剑。

"怪不得。"小博眨眨眼。原来刚才没看见那柄剑，是因为被衣袖遮住了。

小建问："就是那把铜剑吧？我的眼神可好了，绝对不可能看错的。"

"对，你可是帮了大忙了。"小博笑着说。

"那你快试试时空罗盘能不能用，我们可得尽快找到阿夏。"小建乐呵呵地说。

"没问题，看我的！"小博信心十足，麻利地拨动着时空罗盘的指针，"好啦，我们走！"一阵浅金色光芒闪过，两人瞬间失去了踪影。

第三章 逃跑的鸡形盏

1 阳光明媚，暖暖的微风迎面吹来，好像柔软的手掌抚摸在脸上。小建和小博刚在金色光芒中睁开眼睛，耳边就传来阵阵贩卖吆喝声。在他们身前，是一个卖陶罐子的小货铺子，大大的陶罐几乎遮挡了他们所有的视线。摊主正在一旁热情地招呼行人呢。

小建和小博从两边探出脑袋，只见周围有不少架着木板摆摊的人，摊子上陈列着各种各样的物品。还有人干脆把东西放在地上，供来往的人们挑选。这里人来人往，十分热闹。

小博凑到小建那一边，笑嘻嘻地说："这里是钱唐县，也就是东晋时候的杭州。"

"东晋？"

"对。晋朝是历史上的一个朝代，它的皇帝姓司马。司马家原先在西边建立过一个晋朝，国都在洛阳。后来这个晋朝灭亡了，司马家的族人跑到东南边又重新建立了一个晋朝，为了区分两个晋朝，前面那个就叫西晋，后面这个就叫东晋。"

"哦——"小建耐着性子听完，问，"那我们能在这里找到阿夏吗？"

"这个我也不确定，我们得先四处转转。虽然时空罗盘显示这里出现过时空的异常波动，但时空罗盘的精准度还达不到那么高，不一定能定位到相关的文物。而且，我们利用时空罗盘寻找阿夏，是有滞后性的，如果运气好，阿夏有可能还在这个时代，如果运气不好……"小博无奈地将手一摊。

"好吧。"小建有些沮丧地撇撇嘴。

两个小朋友从摊子后面走了出来，这里人很多，大家都忙忙碌碌的，他们走在人群中，又刻意挑选人少的地方走，几乎没有什么人注意。

他们随着人群慢慢往前走，小建左看看右看看，一点可能的线索都不放过。他知道小伙伴阿夏胆子小，以前他们一起出去玩，阿夏连兔子都不敢抓呢。他可得尽快找到阿夏，她一个人穿越时空，也不知道会不会遇到什么危险。

"小心，小心些！这些瓷器可都是客人预订好了的，摔碎了一只咱们都得挨罚。"

"是是是！一定当心！一定当心！"

"这次烧出来的瓷器品相都不错，有些还是客人特意吩咐做成的，一定要完好无损地交到客人手上。唉，这年头，世道乱，也不知咱们这儿能太平多久。"

小建转头看去，不远处有一家看上去还不错的店铺，店铺门口停着一驾牛车。两个穿粗布衣服的男子正小心地从车上往下搬运东西，还有一个年纪稍大的人则仔细地嘱咐着什么。小建好奇地望过去，原来他们搬运的是一堆青色的瓷器。这些瓷器和之前看到过的有很大不同，几乎都有小动物被装饰在器物上，有的甚至就做成了动物的造型，看起来特别有意思。

2 小建的目光全都被这些瓷器吸引了，他拉了拉小伙伴的胳膊问："小博，你看他们搬下来的东西，青色的，太漂亮了，上面还有小动物呢！"

小博抬头一看，笑了笑说："这个时期的人们喜欢把他们在日常生活中见到的各种动物形象融入瓷器制作，所以出现了很多动物造型的瓷器，比如鸡首壶、鸡形盏、熊形灯座、狮形烛台等等。你看，那个人手上的就是一只鸡形盏。"

"鸡？"小建挠挠头问，"为什么要做成鸡的样子？"

"这个时候有很多人家都养鸡，鸡十分常见啊。"小博指了指不远处的人家说，"在他们的眼里，母鸡会下蛋，可以繁衍很多后代；公鸡能报晓，是黎明到来的使者；鸡本身还能做成美味的菜肴，是一种非常有用的牲畜。人们认为鸡是一种吉祥的动物，可以保佑家里多子多福、平安顺遂，因此大家都很偏爱鸡，愿意用鸡的造型做装饰。"

小建恍然大悟，他看看不远处昂首挺胸迈着两条腿走路的鸡群，又回头看了看鸡形盏，一本正经地点点头。的确，小小的一只盏，一边是高高昂起的鸡头，另一边还贴心地加上了宽宽的尾巴，正好可以当做手柄用。

"这种盏是做什么用的呢？"

"它可以作为一种灯盏，用来点灯照明，但也有可能有其他用处。"小博解释道。话音刚落，小博感觉到口袋里有动静，连忙把罗盘拿了出来："哎？时空罗盘好像震了一下。"

铁黑色的罗盘上扬起一层浅浅的金色光芒，小博心头一跳，兴奋地说："看来这附近有一件东西是我们博物馆的，而且最近还和阿夏的桂花枝接触过！"

"什么什么？真的吗？在哪儿呢？"小建立马扬起脑袋、四处张望。

"别急，我看看。"小博捣鼓着时空罗盘，还不时地变换着罗盘对准的方向。

也不知他按到了什么按钮，时空罗盘顿时金光大作，小建和小博被金光刺得忍住不闭上了眼睛。

"这是怎么回事？怎么突然这么亮了？"小建捂着眼睛纳闷。

小博一边眯着眼，一边解释："因为不知道文物离我们有多远，我刚才加大了时空罗盘的搜索强度，等一下，我马上调试回来。"

几乎是一瞬间，金光散去，小建一点一点睁开眼睛，又眨眨眼重新适应了一下，问："找到文物了吗？"

小博一脸得意地说："当然！你看，我们要找的文物就在那家店里！"

两人凑近了店铺，两双小眼睛在店铺里的物品间搜寻。这里的好多器物上都有动物造型，制作得非常形象。看着看着，小建觉得这些器物就像活过来了一样，越看越像活的小动物啦。

哎？活的动物？

25

3 小建眨了眨眼，瞬间张大了嘴，一副难以置信的样子，战战兢兢地揪着小博，说："那只鸡……鸡形盏，怎么……活了？！等等，怎么还多了一只青蛙？！"

一旁的小博也是瞪圆了眼睛，愣愣地看着店铺中的一只鸡形盏和一只蛙形水盂在一道白光下变成了两只活蹦乱跳的动物，大公鸡挥着翅膀扑棱棱从店铺的矮窗里飞了出来，绿青蛙粗壮的双腿一蹬，啪的一下就跳到了矮窗上，只一眨眼的工夫，就蹦到了大公鸡的背上。

"天哪！我一定是在做梦……一定是在做梦……"小建摇头晃脑地嘟囔着。

"哎呀！不好！这没准儿就是阿夏和桂花枝曾经接触过的东西，刚才时空罗盘的增幅作用太大，这些物品一下子接收了太多的时空之力，变异了！不行，我们得赶紧把它们追回来！"小博一个激灵，很快就想到了这一点，站起身着急地说。

"啊？！变异是什么情况？哎呀不对，我们得赶紧去抓它们！"

两个小伙伴一下子就跑了出去，小建灵活地穿过人群，直追着公鸡和绿青蛙而去。原本跳出矮窗，在小巷子里悠闲踱步的大公鸡似乎是感觉到了危险，脚步猛地变快了许多，甚至伸着脑袋哒哒哒小跑了起来。

公鸡体型小，脚步又灵活，左蹦右跳地蹿进另一条小巷子。小建好几次都差点抓住了鸡翅膀，却都被它灵活地扑棱着逃脱了，眼见着它洋洋得意地拐进了巷子，小建气得腮帮子都鼓了起来。他停下脚步，站在离公鸡几米远的地方。这只公鸡真是狡猾极了，他追，它就跑，他停下脚步，它也跟着慢下脚步，甚至还在地上啄东西。更要命的是，公鸡背上还趴着一只绿青蛙，小建看看公鸡，又看看绿青蛙，觉得哪个都不好抓。

　　这可怎么办呀！

　　正苦恼的时候，小建突然想到了爸爸他们追猎物的做法，眼前一亮，兴奋地对小博说："这条巷子的路口挺多的，你看那里，前后有两个岔路口，小博你从那边走，我从这边走，咱们包抄！"

4 小博看了看巷子，又看了看岔路口，竖起了大拇指："没问题！"

放缓呼吸，慢慢靠近，小建眼角一扫，看见小博已经从另一个口子挪了过来，他们一前一后堵在巷子的两个岔路口上，眼神一对，猛地跳了出去。

咯咯咯——

"哎呀，左边左边！"

"我抓到了！哎呀小建，绿青蛙蹦到你那里去了，快抓住它！"小博整个人都扑在地上，一只大公鸡不甘心地被他抱在怀里，使劲儿扇着翅膀。他眼角一晃，看到绿青蛙从大公鸡背上蹦跶了出来，连忙抬头喊。

"来了！放心，它跑不掉！"小建弓着身，一双眼睛死死盯着跳起来的绿青蛙，调整好角度，猛地向前一扑，正好逮住了它。

两人一人抓着一只小动物，一看对方，噗嗤一声笑了出来。原来刚才抓动物的时候不当心，小博脑袋上和身上都粘了不少鸡毛，小建扑在地上时，有几块黑黄色的泥土粘在了脸上，样子滑稽极了。

"走吧，咱们还得把它们变回去呢。"小博拍了拍衣服，笑眯眯地开口。

两人循着来时的路一路小跑到了店铺外，隐隐听到里面传来两个人的对话声，他们不约而同地在矮窗边悄悄蹲了下来。

　　小博把一根手指竖在嘴唇上，用手指了指店铺。小建闭紧嘴巴，脑袋靠近墙壁，两只耳朵竖得高高的。

　　"听说，咱们又得和北边的打仗了？"

　　"哎，谁说不是呢。大司马领兵北伐，信心十足呢。"

　　"前几次北伐有胜有败，也不知这次会怎样。"

　　"此事难知。只是这一去北伐，恐怕又得有大伤亡了。也不晓得此次钱唐还会不会征兵，咱还能不能继续过安稳的日子。"

　　"钱唐是个小地方嘛，沿江靠海，陆地少，人口也不多，又在国都南边，咱们尽可放宽心。"

　　"你说得也有道理。不过……罢了，目前还是仍旧再叫匠人多做瓷器吧，日子总还得过下去。"

　　说话的人停了下来，不一会儿，店铺门口就走出两个男子。小建探头一瞧，等两人走远，才转头问小博："这里只是一个小地方吗？我看已经很热闹了呀。"

　　小博笑了笑说："钱唐县在晋朝可不算什么，要等很久以后这里才会快速发展起来。不过相对于周边地方，这里的人口还是比较多的。"

　　小建听得不是很明白，不过很快，他的注意力就被手里抓着的绿青蛙给吸引走了。他伸手戳了戳绿青蛙，有些头疼地说："也不知道它们怎么才能变回去。"

　　"你说得没错。"小博摸了一下大公鸡，"一只是鸡形盏，一只是蛙形水盂，它们都是我们杭州博物馆的珍贵文物。"

　　"蛙形水盂？那是做什么的？"

"水盂是一种用来装水的小罐子。"小博解释道，"古时候，人们写字需要磨墨，磨墨的时候，水盂就被拿来给砚台加水。这件水盂被做成了青蛙的样子，所以叫蛙形水盂。"

　　"原来是这样啊，那你有办法把它们变回去吗？我们可还要靠它们找阿夏呢。"

　　小博想了想，不确定地说："我试试吧。"

　　小建满脸紧张地看着小博，伸手把他怀里的大公鸡抱到了自己怀里，说："你好好试试。"

　　小博从口袋里掏出时空罗盘，嘴巴里絮絮叨叨地轻声说着话，小建只能隐隐约约地抓到几个词，什么"增幅""降低""刻度"……听得一头雾水。

　　不一会儿，小博像是下定了决心，拿着时空罗盘对准了大公鸡。大公鸡可是一点儿也不害怕，甚至拿自己尖尖的嘴巴去啄小博的手。小博吓得手一松，罗盘瞬间从他手里掉落。

5 一旁的小建眼疾手快，一伸手把罗盘给接住了。可惜他手一松，原本抱在手里的大公鸡趁机逃了出去！

"哎哟！鸡！鸡！"小建一手拿着时空罗盘惊呼道。他心里一着急，也顾不得其他，直接把时空罗盘朝那只逃跑的大公鸡扔了过去。

"时空罗盘！"小博惊恐地喊。

啪——只见罗盘一点不差地砸中了大公鸡的脑袋，忽而一阵金光闪过，原本还在飞奔的大公鸡腾地一下被包裹进了金色光芒里，几乎是一瞬间，金光朝半空中飞去，直冲向方才的店铺。等到光芒散去，地上只留下了一只铁黑色的时空罗盘。

两个小伙伴都被这一幕给惊到了。小博先回过神来一路小跑上前，把时空罗盘捡了起来，前后左右地查看，确定没有任何问题，这才长舒一口气。

"你刚才居然把时空罗盘给扔出去了？没有了时空罗盘，别说找阿夏，连我们都没办法回到原来的时空了啊，你怎么想的？"小博郁闷地对小建说。

小建挠挠头，不好意思地说："这个……刚才有点着急，不小心就扔了出去。"

"下次可不能这么莽撞，时空罗盘要是丢了，后果非常严重的。"小博说得郑重。

小建一听，不由自主地心生愧疚，重重点着头道："放心，我记住了。"

随后，小建抬了抬手，指着绿青蛙说："这个怎么办呢？"

小博说："应该只要用时空罗盘触碰一下就行，我们试试看。"

铁黑色的时空罗盘轻轻碰到了绿青蛙，只一瞬间，金光四射，小建只觉得手中一空，绿青蛙化作一道金光，同样冲向了店铺。

6 两个小伙伴互相对视一眼，跑到店铺的矮墙下面，偷偷踮起脚朝里看。只见店铺的角落里，原本空着的地方陡然间出现了一只青色的鸡形盏，再一看，鸡形盏旁边正好摆着一只蛙形水盂。

"它们变回去了！"小建忍不住喊了出来，"啊，那只水盂真的就是刚刚那只绿青蛙的样子啊，做得很像！"

小博解释说："它们能够变回去，是因为时空罗盘把它们身上过多的时空之力抽走啦。这次也算是一次教训，往后我可不敢再随意加大时空罗盘的搜索力度了。"

小建点点头，随即又问："那我们能看到阿夏了吗？"

小博点了点罗盘正中心，他们眼前又荡开了一阵水波纹，波纹平息后，幽幽的蓝色光幕里凭空出现了一只麦芽色的小手。小手摸了摸鸡形盏的把手，又好奇地伸向漂亮的鸡头装饰。过了一会儿，小手把鸡形盏拿了起来，随后，这个人的手臂、肩膀、脑袋都露了出来。小建看着蓝色光幕中笑得开心的阿夏，莫名也笑了起来。

"阿夏果然来过这里！"

只见光幕中的阿夏拿着鸡形盏往前走了几步，蹲下身，先把盏放在地上，然后小手伸向了另一边的蛙形水盂。可是她的手刚刚碰到水盂，整个人一晃，又消失在了金色光芒中。

"果然，这里的青瓷鸡形盏和蛙形水盂曾经跟阿夏接触过，阿夏是因为文物的力量继续穿越的。"小博摸着下巴肯定地说。

　　"那她下一站去哪儿了呢？"

　　小博举着时空罗盘晃了晃，说："我们继续依靠感应力追吧！"

　　时空罗盘上出现了一条飘忽的蓝色线条，小博一手拉住小建，低头摆弄罗盘。渐渐地，两人消失在光芒之中。

第四章 滔滔江水永不休

1 轰隆隆——震天的巨响在耳边炸开，空气里弥漫着潮湿的水汽。

小建一晃眼，白茫茫的一片水雾就出现在了眼前。宽阔的江面上远远漂来一条白线，白线翻滚而来，几乎没有给人反应的时间，江水就狠狠拍打在岸边，看上去牢固的堤坝，只一下就被冲垮了。紧接着，冲天的白浪腾空而起，轻而易举地就超过了江边大树的高度。

"这……这是什么呀？！"小建从来没有见过这样汹涌的江水，吓得眼圈都红了。过了好一会儿，江潮慢慢退去，闷雷一般的水声也渐渐平息。小建回过神来，颤抖着声音问："刚刚是怎么回事？是……是江水中的神灵发怒了吗？"

"当然不是，这只是钱塘江的潮水而已。钱塘潮的成因很复杂，简单来说，就是因为钱塘江入海口的形状像一个喇叭，里面窄，外面宽，潮水从外面进到里面的时候，因为河道突然变窄，水流就会迅速抬高而且速度加快。"小博侃侃而谈。

　　小建听得一脸的迷茫，突然，远处的高地上出现了黑压压的一大片人，他们穿着简单的粗布衣服，脚上踩着薄薄的草鞋，有的背着几捆绳子，有的带着几只竹篓，还有的带着铲子，快速朝江岸走来。

　　"江潮猛烈，也不知这海塘能否在下月大潮汛到来之前完工啊。"略带忧愁的声音飘进小博和小建的耳朵，两人循声一看，原来是一个颇具疲累之色的中年官员，与正对身边一位看上去像是下属的褐衣男子说话。

　　官服男子观察了许久下方海塘的修筑场景，又问："木桩和竹笼都备好了吗？千万记得要挑选巨石，江潮凶猛，小石块哪怕填进了竹笼，恐怕也会被潮水冲走，起不了什么作用。"

褐衣男子笑了笑说："大人放心，咱们吴越国盛产竹子，竹笼都已备齐，木桩和石块也都已经运到江岸。您瞧，咱们在每排木桩之间放入盛满巨石的竹笼，上下有四五层之多，这之后再填上泥土，保准海塘坚固耐用。且筑塘人数众多，还是有望在大潮汛前完成的。"

"用竹笼盛石修筑海塘，以此抵御潮水，以往从来没有过。这条海塘若是建成，必能保护城内的百姓免遭江潮侵袭，日后必将会名垂千古。"

　　褐衣男子感叹道："我王仁慈，为百姓修筑海塘抵御江潮，实在是百姓之福。"

39

2 小博拍了拍小建的肩膀说："咱们现在是在五代十国时期的吴越国，距离上一回的晋朝已经过去了快500年啦。时空罗盘显示阿夏曾经到过这个时间段，就是不知道她会碰到什么文物，我们得赶紧去找找。"

"说得对！最重要的还是要找到阿夏！"小建立刻恢复了活力。两人选定了一个方向，朝着城门的方向一路跑去。城门高高耸立，看上去比良渚时期的更加坚固，也更加好看，城墙下的城门洞前排起了长长的队伍，两旁还有士兵在把守。

小建和小博机灵地钻进队伍，顺着人流进了城。

一进城，小建的心神就被眼前的一切吸引走了。他张大了嘴感叹："这里的房子比之前的更多啦！"

"嘿嘿，这里已经是吴越国的都城啦，人口更多，当然更加繁华了。吴越国的国王姓钱，非常信奉佛教，这里修建了好多寺庙和佛塔。你看，路上好多人都挎着香篮子，他们都是去寺庙礼佛的。所以有人就把这里称为'东南佛国'。"

　　小建朝四周一望，果真是这样。

　　"前面不远的地方是集市，在那里可以买卖东西，我们过去看看吧。"小博伸手指了指前方说。

　　"好的，说不定在那里能找到阿夏呢。"话未落音，小建便拉着小博满怀期待地往人群中跑去了。果然他们在集市中的一家瓷器铺里发现了一件泛起金色光芒的器物。

3 "这个壶的壶肚子好圆，好漂亮啊。"小建盯着一只造型简洁的壶说。

"这叫执壶，用来装水或者酒的。别看它表面上特别光素，除了必要的壶嘴和把手，什么装饰都没有，其实制作它的工匠是非常用心的。你仔细看，这只执壶的壶嘴可不是普通的圆形，它被做成了六棱柱形，更妙的是，壶嘴和壶身贴合的地方还贴塑了一朵五瓣花呢。不光是壶嘴，把手跟壶身接合的地方也有一朵贴花，两两呼应，是不是很巧妙？"小博从时空罗盘上调出器物的投影，前前后后地展示给小建看。

小建感叹道："制作它的人一定花了很多的心思。"

小博拨弄这时空罗盘的指针，喃喃道："好了，接下来让我们来看看执壶上的时空波动。"

说着，他把时空罗盘对准了执壶，不一会儿，阿夏的影子就出现在了蓝色光幕中。

"好啦，我们赶紧去下一个时间段吧！"

小建恋恋不舍地又看了看漂亮的执壶，拉上小博的手，两人慢慢消失在一片光芒里。

第六章 临安梦华

"小娘子、小郎君，这是今日刚摘的茉莉、杜鹃哩。"

"卖花了哎——茉莉——"

1 小建稳稳站好，还没睁开眼睛，鼻子就嗅到了阵阵香气，耳边还有各种吆喝买卖的声音。正值初夏时节，暖风阵阵，夹杂着花草的香味，真是沁人心脾。

这是一条宽阔的大街，街上熙熙攘攘，时不时地能碰上几个挎着花篮叫卖鲜花的小商贩。来往的人们穿着飘逸美丽的衣衫，脸上带着浓浓的笑意，有的还互相拱手问好。

小建看呆了，他左看看，右看看，奇怪地问："小博，怎么这些人的头上都插着花？"

小博笑眯眯地解释说："咱们这是到南宋啦，宋朝时簪花是非常常见的。大家喜欢把花戴在头发上或者帽子上，这些花可以是鲜花，也可以是用纱绢制作的假花，这就叫簪花。宋朝不论男女，都喜欢簪花呢。尤其是咱们现在所在的临安城，这里在南宋时是国家的政治、经济、文化中心，上到王公大臣，下到平民百姓，不管男女老少，大家都非常喜爱花，所以临安城的花市是非常繁华的。对了，南宋时期，杭州改名叫临安啦，凤凰山那里还修建了皇宫，里面住着皇帝的。"

"原来是这样。往头发上插花，看上去很有意思呀！"小建听得十分向往，一双眼睛迟迟离不开这些人头上各种各样的花儿。可惜他的头发短短的，实在簪不了好看的花。

"别羡慕啦，咱们还是先四处看看吧。"小博拉着小建的手，把他拖上了街，"你看，我们现在所在的这条街叫御街，是临安城最主要的道路，御街两边有很多店铺人家，还有瓦舍勾栏，可热闹了！"

"什么？勾栏？"小建挠挠头，不知所以。

"瓦舍勾栏，嗯，就是一些大型的娱乐场所，供人玩耍的，比如两人摔角、表演杂技、说故事等等，都可以在瓦舍里看到。"

小建似懂非懂，心想这瓦舍大概就是可以玩很多游戏的地方吧。

"南宋时啊，大家的日子比以前更加丰富多彩了，酒楼、茶馆开得遍地都是，商铺也越来越多，你如果不想自己做饭也不想出门，还可以让别人把饭菜直接给你端过来呢，只需要多付点钱就好啦。

小博在一旁十分热情地介绍，小建一面听，一面忍不住惊叹：看起来这个时候的人过得确实好呀。

2 "等等！等等！你看那个人！"突然，小建扯住了小博，两只眼睛瞪得大大的。

小博顺着他眼神的方向看去，也是愣了一下。

"怎么回事？怎么那个人身上有金光？难道是阿夏碰到过他？"小建百思不得其解，"可是，之前明明都是铜剑、水盂什么的物品，这回怎么是个人呢？而且，我总觉得这光芒比之前那几次淡了很多。"

小博眨眨眼，拧起眉头仔仔细细地看了又看。那是个30岁上下的男子，穿着一身灰布衣，普普通通的黑色布鞋，头上倒是也簪了一小束茉莉花，其他却是没有一点值得人特别注意的了。总之，怎么看都和大街上的普通男子没什么不同。

小博实在看不出他有什么特殊的，可他身上却的的确确是泛着金光的。这究竟是怎么回事儿呢？小博挠挠脑袋，灵机一动，拿出时空罗盘来确认，可是，罗盘上根本没有显示阿夏的身影。

这就奇怪了……

"啊！"小博突然想到了一点，一手握拳拍在另一只手掌上，说："也许，带着阿夏穿越的文物正好是属于这个人的，或者是这个人长时间接触的。"

小建定定心，眼看着那个人越走越远，对小博说："我们快跟上去，好不容易碰上一个有金光的，跟着他说不定能找到那些文物呢。"

"你说得不错，我们走。"

那人在御街上走了一段路，不一会儿就拐进了另一条巷子。巷子没有御街那般繁华，却也是人来人往的。那人抬脚走进一家店铺，小博抬头一看，匾额上写着：陈记书铺。

3 　小建快走了两步，走到书铺对面的一家茶水摊子前，忽然闻到了一股怪怪的味道。

"哎呀，好臭呀！"小建捏着鼻子非常嫌弃。

"这是墨水的味道，那是一家书铺呢。"小博嘿嘿笑道，"你可别嫌它臭，我们管这种味道叫墨香，你再仔细闻闻看。"

小建将信将疑地松开鼻子，小心翼翼地呼吸了两口，立马眉头紧锁地瞪向小博，满脸的控诉。什么墨香，这分明就是臭的呀！小博的鼻子大概是坏掉了吧！

小博捂着嘴笑，小建朝他翻了一个白眼。

"这次员外郎要的书种类有些多，其中还有一本诗集之前都没有刻过，不如用泥版做吧？"一个灰衣男子开口问。

"你说的有道理，时间太赶，再另刻一版木版恐怕要来不及。"另一个蓝衣男子接话道，"现在也只能这样办了，到时候我还得跟员外郎禀告一声才好。"

"书铺里的事情不如暂且交给李三郎，需要用到的木版我已经都找出来了，只是泥版的泥字还要挑拣后重新组排。幸而那诗集不算长，泥字应该是够用的。"

"行。你去办吧。记得，给员外郎刻的书必须是最好的，否则可会影响到我们的声誉。"

"这是自然，您放心。"

小建一头雾水地问："什么木版？他们这是要做什么？"

"这是在印刷书籍呢。木版是印刷用的一种工具，用木版印刷，就是指在一块木板上刻出凸起的文字，然后往上刷一遍墨，把纸张覆盖上去压一压，字迹就留在纸上了。"小博比划着动作说。

小建点了点头，随即又问："那要是不小心刻错了怎么办呢？"

"那就只能重新刻了。"小博摊摊手说，"不过呀，为了避免出现这种情况，早在北宋时期就有人想出了一个更好的办法。他们用胶泥做成一个个小方块，在上面刻出一个一个单独的字，然后根据要求把需要用到的泥字按顺序排到一个方盘子里，排满一个方盘子之后再刷墨印纸，就可以节省好多力气了。像这样用胶泥刻字的版就叫泥版，它比木版灵活多了，不过这个时候泥版刻字还没有完全普及，大家用得比较多的还是木版刻字。"

4 "原来是这样。"小建晃着脑袋，转头看向那个灰衣人，只见他弯着腰，在一大堆的泥土疙瘩里挑挑拣拣，不时地挑出几个放在一旁。

"五郎，富春刘家造纸作坊的送纸来了，你来看看纸！"先前那个蓝衣男子在书铺里面高声吩咐。

灰衣男子答应了一声，起身拍拍身上沾到的灰，抬脚进了旁边的房间。

小建和小博互相对视一眼，转过墙角，恰好瞧见墙面开了一扇窗，两人踮起脚尖，往里面瞧。

只见里面或坐或站的一共有四个人，蓝衣男子和灰衣男子他们见过，另外一个穿着浅色衣服，腰间配有漂亮的腰带，还有一个是个年纪不大的少年人。

"这是咱们这个月新出的竹纸，五郎瞧瞧这品质。"蓝衣男子指着一叠纸说。

灰衣男子伸手摸了摸纸面，又捏了捏纸张厚度，问："可以试试纸吗？"

"自然。"

灰衣男子带着纸走到一张长桌前，铺好纸，提起笔，唰唰唰地往上写写画画。小建的目光却被桌子上一块漂亮得晃眼的石头给吸引住了。

5 "小博小博，那块漂亮的石头在发光！"

小博定睛一看，忍不住笑了一声，激动地拍了拍小建的肩膀说："那是我们博物馆的一件珍贵藏品，叫黄玉卧兽！哈哈，跟着那个灰衣男子果然就能找到这些器物！"

小建一面高兴，一面疑惑："黄玉……什么兽？那不是漂亮石头吗？"

"那可不是普通的漂亮石头，那是用珍贵的黄玉做成的。黄玉数量不多，黄色浓艳的就更少，所以是非常难得的。"小博指着那件黄玉卧兽，细细解释，"你看那件黄玉，颜色好像鸡油一样，而且整个兽形雕刻得非常细致，四只脚放在身下，显得温顺和蔼。它的脑袋后面、耳朵下面，还有尾巴的地方，都刻出了鬃毛，背上还特地磨出了连珠纹，用来表示脊柱，非常漂亮。"

小建一面听小博的介绍，一面仔细观察黄玉卧兽，啧啧称赞。

"对了，这件黄玉卧兽的身上还有漂亮的云朵一样的东西，啊，它脑袋上还有一只角。"

"你说的不错，黄玉卧兽身上的就是勾云纹。南宋时，民间制作生产玉器的作坊越来越多，很多城市居民也开始拥有和使用玉器了。有的拿来佩戴，有的拿来做摆设，还有的会被人拿来作为馈赠的礼物。"

"原来如此。"

小建了解了不少知识，趁着屋内的几个人试好纸，又一个跟着一个走出房间，和小博对视了一眼，两人溜进了店铺。小博拿着时空罗盘碰了碰黄玉卧兽，金色光芒微微闪过，小建闭上眼睛满心欢喜地等待下一个时空，好赶紧追上阿夏。可没想到金光几乎只是闪现了一个眨眼的时间就消失了，以后却是什么都没有发生。

小建偷偷睁开一只眼睛，成堆的纸、长长的桌子、漂亮的黄玉卧兽，还有砚台、墨……他不敢置信地把另一只眼睛也睁了开来。这这这，这还是那家纸铺嘛！

他们怎么还在这里呀？

"这是怎么回事？小博，时空罗盘出错了？"小建疑惑地问。

小博低头看了看时空罗盘，"哎呀"了一声说："南宋这个时间段应该不只有一件物品被阿夏触碰过，就像我们在东晋碰到过的鸡形盏和蛙形水盂，必须把两件物品都找到，才能离开这个时代。"

"啊？那还有一件是什么？"

"我们还得回去找那个灰衣男子。恐怕线索还在他身上。"小博肯定地说。

6 两人猫着腰又钻出了纸铺，那灰衣男子走进书铺还没一会儿，一个胖胖的男子火急火燎地冲进了铺子，一进门就开口说："五郎，将你的兔毫盏借我一借，巷子前头到茶叶店里正在斗茶呢。上一回斗茶你赢得光彩，我得沾沾你那盏的运气！"

灰衣男子抬头看了他一眼说："斗茶讲究的是茶和技巧，又不是比谁的盏好。"

"哎呀！求个好彩头嘛！"胖胖的男子抹了一把头上的汗说，"你借不借？"

灰衣男子无奈地说："借借借！可说好了，你别摔了盏。"

"是是是！那当然那当然！"

灰衣男子从柜台下边拿出一只黑色的茶盏，递给胖胖的男子。小建和小博对视一眼，都有点兴奋。这可真是踏破铁鞋无觅处，得来全不费工夫呀！这兔毫盏上泛着金光，可不就是他们要找的第二件物品嘛！

小建和小博跟上那个胖胖的男子，只见他用和他的体型完全不相符的速度灵巧地穿梭在人群中，小建和小博必须时时刻刻牢牢盯着才能不被他给甩下。那人到达巷子口的茶叶店，果真有好大一圈人聚拢着，一股茶香慢慢飘散开来。胖子左一撞右一推，在人群的抱怨声中挤了进去。

小建和小博仗着人小，也顺利地挤到前头。小建看到那个胖胖的男子特地把拿着兔毫盏的手举得高高的，像是炫耀了一番，这才跟对面的人斗起茶来。

　　"说起来，那只盏的颜色好奇怪，居然从上到下都是黑色的嘞，看起来一点也不起眼。"小建奇怪地说。

　　"嘿嘿，这个叫做建窑兔毫纹盏，宋代时经常拿来斗茶用的茶具。"

　　"兔毫？"小建摸着下巴想了想，不确定地问，"是因为上面的纹路像兔子毛吗？"

　　"没错，就是这样。"

　　"哦，那还挺形象的嘛。那斗茶又是什么呢？"小建继续挠头。

　　小博笑笑说："斗茶就是比赛茶的优劣，通常都是几个人一起比赛。南宋时，这种比赛很普遍，上到皇帝，下到平民都非常喜爱。茶水的颜色和茶汤泛起的泡沫都是斗茶比赛决胜负的标准。"

　　"茶水的颜色和茶汤泛起的泡沫？这要怎么看呢？"

　　小博指着那边已经开始斗茶的人说："茶水的颜色以纯白色为最好，如果你点出来的茶水泛着青色、黄色或者灰色，那你就输了。"

7 小建看了看那两人点出来的茶水，一个是纯白色，另一个微微泛着青色，果然，那个点出青色茶水的人输了。

"还有啊，茶汤经过冲点，泛起的泡沫是白色为最好。有一些高手，他们点出的茶，泡沫浓厚，能很长时间都不散开呢。"

小博说话的时候，两人又开始了比试，这回两人茶汤的颜色都差不多，可其中一人的茶水上泡沫散得快，他又输了。

"从黑色茶碗上看茶汤和泡沫好像更清楚些呢。"小建若有所思地说。

"不错！"小博夸赞道，"所以这种黑色的茶盏在这个时候大量地出现了，兔毫纹盏是其中比较有名的一种，连宋朝的皇帝都非常喜欢用呢。"

三斗二胜，这时那个胖胖的男子果然胜出啦。

小建和小博趁着周围的人都在欢呼，赶紧溜到了茶盏旁边，小博拿出时空罗盘凑近黑釉盏，几乎是一瞬间，兔毫纹盏上爆发出一阵强烈的金光，两个小朋友瞪大了眼睛，一眨眼就不见了。

遇见元青花

1 "这里是元代的杭州，时空罗盘显示这里曾经出现过时空的异常波动，我们降落的这个地点应该离文物不远。"小博看看了时空罗盘，抬头四处张望着说道。

"哎？那些人！他们怎么……怎么是黄头发、绿眼睛的？"小建跟着小博的目光转头一瞧，被看到的景象吓了一跳。

大街上，人群来来往往，这些人穿着不同样式的衣服，其中还有几个长着一头五颜六色的头发。小建张大嘴巴不知所措。

"那些都是外国人，从遥远的西方过来的。"小博解释道。

"西方？"

"对，是从西面很远很远的地方过来的。元代是生活在草原上的蒙古族人建立的朝代，疆域辽阔，和很多其他国家都有接触。这个时期，不少西方国家的人远道而来，他们长得和我们不大一样，说的话也和我们不一样。你第一次看可能会觉得有些奇怪，不过看多了就好啦。"

"原来人还能长成这样的啊。"小建一边惊叹，一边小心翼翼地拿目光瞄着那些外国人。

观察了一会儿，小建说："他们好像是来买东西的嘛。"

小博点点头道："你说得不错。这些外国人的确是商人。在元代，不管是陆上丝绸之路还是海上丝绸之路，都非常兴盛，对外贸易非常发达。杭州靠海，经济基础非常好，商业发达。所以，这个时期有大量的瓷器、丝绸、茶叶从杭州出海，然后在大海上漂泊几个月甚至一两年，去到这些外邦人的国家。"

"到了外国，然后就和那里的人互相交换东西吗？"小建问。

"没错。"小博点点头。

"你看你看，那两个外国人跑去卖瓷器的店啦！"小建使劲拽了拽小博，压低了声音说，"我们跟上去瞧瞧吧，我还没见过长得这么奇怪的人呢。"

小博无奈地被小建拽了过去，两人站到瓷器店外的窗户下，听见其中一个外国人操着一口奇怪语调问："青花的瓷器有没有？"

店主似乎很习惯有外国人的到来，一点也不害怕地迎上去说："有的有的，白地青花瓷，我家店的青花瓷都是从景德镇来的，您看这花纹，多漂亮！您再看这瓶身的线条，多流畅！"

那两个外国人仔细查看了一番，互相说着叫人听不懂的话，又频频点头，指了几种大盆子、大罐子还有大瓶子说："就这些，一样一百件，一个月以后交货可以吗？"

店主简直笑开了花，忙说："可以可以！到时候您是来店里拿货还是给您送去？"

"直接送去码头，一个月后我再来。"

"好的好的！"

说完，那两个外国人又在瓷器店里四处转了转。小建觉得有些奇怪，小声地问："这些外国人怎么不自己做呢？跨过大海来这里路程远又不安全，瓷器还特别容易碎。"

2 小博伸出一根手指晃了晃，一脸自豪地说："因为他们烧不出这么好的瓷器呀。"

"烧不出？"小建有些疑惑，"可是我看这里有好多瓷器店啊，大家吃饭喝酒什么的都是用的瓷器啊，这不是很普通吗？"

小博笑着解释说："用瓷土烧制精细的瓷器是汉族人民的重要发明，我们身处其间，会觉得这些很普通，但是对于不懂得烧瓷器的人来说，简直比登天还难。就像你还没有穿越时空之前，能想象得出21世纪的摩天大楼和博物馆吗？"

小建眨眨眼，若有所思。

"这些西方人虽然也能制作瓷器，但品质都很一般，而中国瓷器纹饰美丽，品质又高，所以一些有能力的贵族和商人都愿意漂洋过海来中国买瓷器。"

小建嘿嘿笑了两声，居然感到了一阵自豪。

"这个是做什么的？"店铺里，其中一个外国人指着一个小小的器物问。

店家走近一看说："这是笔架，也可以做水盂。我们写字的时候会用到。"

小建好奇地伸长脖子去看，突然发现那个小器物上泛起的一层浅淡的金色光芒！

小建瞬间扬起了嘴角，却又马上定了定心。现在可不是什么好时机，他们得等到没人的时候才能过去。现在，还是先观察观察吧。

3 那是一个有着四根柱子的小东西，中间的一根柱子上面还有一个扁扁的圆球。最旁边的一根柱子下边有一只小小的动物，乍一看像是一条鱼，可仔细看，却发现不是。

"这是一只青花山形笔架，是杭州博物馆的一件珍贵文物。你看，笔架的那四根柱子做成了四座山峰的样子，可以用来搁毛笔。山峰下面有海浪，旁边是一只海鳌，海里的一种神兽。它做得特别精致小巧，而店里大部分瓷器都较大，像这样用在书桌上的小玩意很难得的。"

"而且这只笔架还有一个特别的地方。你看它旁边的海鳌，那可不仅仅是装饰，其实是中空的，海鳌的嘴巴是可以灌水进去的，如果遇到需要磨墨的时候，可以直接从那里倒水呢，方便又好看。"

"是吗？做东西的人可真聪明啊！"小建目不转睛地盯着那只笔架。

4 那两个外国商人叽叽咕咕了好一会儿终于告辞，店主笑眯眯地把人送出门去。小建和小博赶紧靠了过去，拿着时空罗盘点了点青花山形笔架，什么也没有发生。

好在两人也算是有经验，心想这恐怕和东晋时期的鸡首壶和鸡形盏一样，必须要两件物品全都触碰到才能启动时空罗盘。小建和小博互相对视一眼，二话没说，立刻又跑去木盒子那里。

小建好奇地探头往里看，只见里面装着一只小小的蓝色杯子，泛着一丝丝的金色光芒。他忍住激动的心情，仔细观察这杯子，几乎是立刻，小建就被这漂亮的蓝色给吸引住了。这颜色实在是太漂亮，他以前可从来没有见过这种颜色的瓷器。杯子的下面有三只脚，最最重要的是，杯口还有金色的花朵图案和一轮弯弯的月亮。

"哇！杯子里有一朵金色的花！"小建忍不住惊叹。小博趁着店主还没回来，连忙给他解释："这是蓝釉描金爵，是非常难得的东西。你看这鲜艳明丽的蓝色，这可是元代才出现的。蒙古人的家乡在北方的大草原，他们非常喜欢蓝色和白色，所以元代的时候，高温蓝釉瓷器大量出现，而且非常受欢迎。"

"爵？那是什么？不就是杯子吗？"小建疑惑地问。

"爵是一种用来装酒的容器，早先的时候是用青铜做的，不过到了后来也有用瓷做的，比如这只瓷爵。这种东西平民老百姓可用不起。"

"哦，原来是这样。"小建点了点头，难怪那个店主这样说呢。

小博拿着时空罗盘靠近蓝釉描金爵，小建满心欢喜地想着能快一些去找阿夏啦，这次耽搁的时间不长，他想自己一定快追上阿夏的脚步了。

第七章 难以烧制的青花釉里红

1 唉哟——小建和小博又咕噜噜地从一个小山坡上滚了下来。幸好小山坡不高，坡度很是平缓，两人只滚了两圈就停了下来。

"这什么情况？怎么又滚下来了？"小建抱怨，"而且，这里好热呀！"

小博也感觉到热浪一股接着一股，他抬起头四处看了看说："哦，原来咱们在窑厂里呢，难怪这么热。"

"窑厂？"小建不明所以，抬眼就看到了不远处一座破碎的瓷器小山，他起身走了过去，伸手抓起一只缺了一半的碗，上面的颜色好像脏泥土一样，只能看到隐隐约约的花纹。小建撇撇嘴说："这个碗好难看呀。"

小博探过头来看了一眼，说："所以它们被砸碎了啊，这些都是烧坏了的瓷器。"

小建吃惊地看了一眼这座瓷器小山，这些瓷器碎片堆成的小山可是比他本人还要高呢。他忍不住绕着瓷片堆转了一个圈，这些密密麻麻的碎片可以说是非常壮观了。小建望着瓷片小山，张着嘴感叹："这么多？都是烧坏的？"

2 小博刚想向他解释，耳边突然传来一些说话的声音，两人赶紧闭上了嘴巴。小建凝神听了一会儿，伸手指了一个方向，小博冲他点头，两个小伙伴猫着腰走了过去，在一根支撑草棚的木柱子后面躲了起来。

"这都已经废了十几炉了，若是还烧不成，可怎么办哪？"不远处的空地上，一个面白无须的年轻窑工搓着手，有些忐忑地望着身前的窑炉说道。

这窑炉像极了倒扣的半个月亮，周围温度非常高，那个年轻窑工一边说，一边不停擦汗。

"青花釉里红本就难以烧制，大人也是知道的。若是这一炉还是不成，那就是我们的配料依旧没有调配好，再试吧。"身形瘦小的老窑工淡定地站在一边，语气十分平静。

"师傅，咱们去年明明已经烧成了两件，怎么这一年来无论怎样试都不成了呢？万一上面怪罪下来……"年轻窑工很忧愁，眉眼都耷拉了下来。

"青花釉里红，百里挑一。要做成一件标准的物件儿，哪里是这么容易的。就算烧成功一次，也不代表每次都能烧成功。"老窑工慢条斯理地说着，"你还年轻，可有得学呢。"

小建听得一头雾水，转头小声地问："青花釉里红是什么？看上去很难得啊。"

"你说的不错，青花釉里红非常难得，它一旦烧成功，就会出现两种颜色，一种青色，一种红色，非常漂亮。"

小建试着想象两种颜色的瓷器，随后问："那为什么这么难得呢吗？"

"因为青色和红色这两种颜色着色的温度不一样啊，要烧成功多少要有些幸运的成分。"小博怕过于繁琐小建听不懂，只能简单地介绍，"总之就是非常非常的难烧。你看这些工人，我猜他们已经烧坏了十几次啦，也不知道这次能不能成功。"

"这么难啊？"小建忍不住同情地看向那些工人——听说这些炉子一次能烧好多瓷器呢，一旦烧坏了，整炉的瓷器可都浪费了。

69

"好啦，时候差不多。开窑吧！"老窑工板起了腰杆，大声说。

"是！"

人群迅速分开站到两边，老窑工亲自上前，也不知他做了什么，没一会儿，一声低哑的声音响起。小建和小博趴在木柱子后面伸长了脑袋，可惜围着窑炉的人实在太多，他们几乎什么都看不见。

"哎，又失败了。"一个失望的声音叹息道。

"全都废了，没一件是好的。"另一个声音也无奈地说。

人群稍稍散开了一些，小建从缝隙里看了一眼，几只黑糊糊的瓶子被摆在一遍到地上，什么花纹都看不清。小建心想，这些瓷器大概也会被砸碎，然后扔到刚才那座瓷器小山上吧。老窑工过来看了一眼，脸上虽然有些失落，但很快就重新打起了精神说："还有一炉也一起开了吧。"

众人也顾不得失望，赶紧跑去另一边。小建和小博不敢靠得太近，只能看着这些窑工紧张地围成一个圈，偶尔还有几个窑工跑前跑后的不知道在忙些什么。

"呀！这是……"

"成功了！成功了！"

"青花釉里红！我们做成了！"

那个年轻窑工一蹦三尺高，转身就抱住了身边的人。

小建被这些人的情绪感染了，忍不住也扬起了嘴角，开心地笑了起来。

"哎？这个东西是……"小博突然"啊"了一声说，"小建你看，这只盏在冒金光呢！"

3 小建瞪大了眼睛看去，果不其然，微微的金色光芒在那件器物上面悬浮着，好似一层淡淡的雾水。整只盏做成了莲花的样子，红色的莲瓣里纹路根根分明，边缘处有青色勾勒出莲瓣的轮廓，错落有致，看上去非常精美。

"这是什么呀？"

"我知道了，那是青花釉里红莲瓣纹盘。"小博笑着说，"我们这是在景德镇的御窑厂呢，难怪他们这样财大气粗，一点也不心疼这些烧废了的瓷器。"

"御窑厂？"小建又有些摸不着头脑了。

"简单来说，就是给皇帝烧瓷器的地方。我们所在的这个时间段是清朝，时空罗盘显示这里有异常的时空波动，就把我们定位到这里啦。清朝御窑厂制瓷非常严谨，即使是烧制成功的瓷器，也需要经过再次拣选以后，才能送去都城给皇帝和王公贵族们使用。"

"原来是这样啊，难怪他们这么重视这些瓷器。"小建摸着下巴说，"那要是没有拣选上的怎么办呢？"

小博想了想，简略地解释道："有些是要砸碎后掩埋，有些瑕疵不是特别明显就会被赏赐给朝廷里的大臣或者作为外国使节的礼物，还有些会被卖掉换钱。当然啦，清朝存在的时间很长，处理瓷器的方法会有一些不同，不过大致就是这样了。"

小建点点头，抬头看了一眼，地上总共摆了五件瓷器，只有一件青花釉里红莲花纹盘是泛着金光的。"这个时间段应该只有这一件物品曾经和阿夏有过关联吧？"

小博摇摇头说："这个我也不知道，我们先靠近那只盘子试试吧。"

两人在木柱子后面又躲了好一会儿，几件瓷器被小心地收了起来。小建和小博赶紧跟了上去，他们看到那位老窑工带着几个人把青花釉里红瓷器交给了一位穿着官服的男子，男子一面微笑，一面点头，让他们把所有的瓷器都锁进了一间屋子。

两个小伙伴静心等待了好一会儿，确定周围再没有什么人了，这才小心地从阴影里出来。小博伸手碰了碰门上大大的两把锁，咔哒一声，锁开了。

小建惊讶地瞪大了眼睛，小博神秘地咧着嘴笑了笑，却什么都没解释。

两人迅速闪进了屋子，四处一看，原来这里是专门放置瓷器的屋子，两边的架子上放置了好多锦盒，有的还打开了盒盖，能看见里面精美的瓷器。小建定睛一看，屋子正中间的桌子上，他们要找的青花釉里红盘正好好地摆着呢。

小建赶紧扯了扯小博的袖子，小博拿出时空罗盘，对着盘子轻轻一点。

4 幽幽的蓝色光幕里，阿夏好奇地伸手摸了摸一个样子丑丑的土盘子，这盘子上有一些淡淡的好像用颜料画上去的花纹。可再怎么看，这都和他们眼前的这只美丽的青花釉里红莲花纹盘完全不一样嘛。

"阿夏碰到的东西……是什么？看上去好奇怪呀？"小建疑惑地问，"时空罗盘会不会出错了？"

小博笑了笑说："怎么会，阿夏碰到的就是这只盘子。只不过她碰到的是还没有拿去窑炉烧的半成品，我们看到的是已经烧成功的，通常这种半成品会在晾干以后再放进窑炉里烧制。"

小建恍然大悟，随即有些兴奋地说："这么说的话，阿夏碰到这个半成品的时间应该就在不久前啦？"

"你说得没错，而且阿夏很可能刚刚离开这个时空。"

"真的？！那咱们赶紧追上去吧！"小建连忙说。

小博点了点头，两人身形一闪，渐渐消失在金色的光芒中。

第八章 西湖博览会

1 嘀嘀嘀——

小建和小博刚站稳身子，藏在小博口袋里的时空罗盘就响了起来。小博愣了一下，拿出时空罗盘点了点，幽蓝色的光幕亮了起来，阿夏的身影出现在了上面。

"这是怎么了？我们都还没有开始找呢，阿夏怎么就出现了？"小建疑惑地问。

小博皱着眉头研究了一会儿，光幕里面的阿夏好像是刚刚到达这个时空，正在好奇地四处打量。她看看街边的一家小吃店，又瞧瞧另一边做木工的店铺，却什么东西都没有碰。

"这罗盘不会是坏了吧？"小建戳了戳时空罗盘，满脸的怀疑。

"不不，肯定不会的。"小博十分笃定地开口，"时空罗盘利用的是时空之力，只要时空通道一直存在，就会提供源源不断的时空之力，它就不可能会损坏，顶多就是因为受到了时空乱流的影响，穿越时空时的定位有些偏差。"

"那这个……该怎么解释？"

2 小博低着头翻来覆去地观察罗盘，喃喃地说："之前好像有过这样的情况……是什么来着？"

"等等，我们现在是在什么时候？我看这些人的头发都变成短短的了啊。"小建发现了一点不同。

"现在是民国时期，清朝的统治已经结束了。"小博回答，"这个时期我们已经慢慢有了现代工业文明的一些物品了。"

"也就是说，这个时候离21世纪已经很近了？"小建若有所思地问。

"你说的不错。"小博点点头，随后眼前一亮，好像突然想到了什么，兴奋地说，"我知道了！时空罗盘发出提示，这是在告诉我们，阿夏她就在这个时空！"

"真的吗？阿夏她就在这里？"小建高兴得脸都红了，连忙说，"我们该怎么找到她？"

"阿夏身上有一枝你从21世纪带过去的桂花，我们完全可以用时空罗盘来确定出现时空异常波动的地点，一旦找到了这个点，我想阿夏肯定就在附近。"

小建高兴地嘿嘿笑出了声，他们穿越了那么多的时空，终于要找到阿夏啦！也不知她现在是不是还是那么害怕胆小，反正小建觉得自己成长了好多呢。他看着眼前这条青石板的大街上来来往往的人，闭上眼睛深吸一口气，觉得心头的重压终于减轻了。

空气中茶香阵阵，隐约还有闻着就让人流口水的食物的香味，不远处有小商贩在吆喝，

"咦？"小博按了按罗盘上的按钮，却发现提示的"嘀嘀"声怎么都撤销不了，不由心生疑惑，喃喃地说，"这个声音怎么一直在响？"

"什么声音？"小建一下子回过了神，转头问。

小博指了指时空罗盘说："时空罗盘的指示音一直在响，我想，一定是哪里出了问题。"

76

"会不会是之前给罗盘补充时空之力的时候弄坏了？"

"不会。时空之力对时空罗盘来说只有益处没有害处。"小博低头拨弄着时空罗盘，前后检查着。

也不知他碰到了什么按钮，时空罗盘突然安静了下来。小建和小博面面相觑。

"现在又是怎么回事啊？"

小博摇摇头，这回，连他也解释不了了。

"算了，咱们还是先去找找阿夏吧。"小建抬头看了看大街上的人群。

小博拿着时空罗盘检测出出现时空异常波动的方向，说："行，咱们先去找人。"

两人手拉着手，混入来往的人流中。

走着走着，小建的目光被迎面而来的一个人吸引走了，他赶紧凑近小博，好奇地问："小博，那个是什么？那个人骑了个什么？前后两个圆圆的圈圈，模样好奇怪啊！"

"那叫自行车，是一种可以用来代步的交通工具。它前后有两个轮子，人们学会了骑自行车，可比用两条腿走路快多啦！"

"真的，他骑得好快！"小建扭过头恋恋不舍地看着自行车过去的样子，不会儿，他的注意力又被其他东西给吸引走了。

"那个又是什么？它看起来像一根小柱子，可是上面却是透明的？"

小博扭头一看，忍不住笑着说："那是煤油灯。哎呀，这可就不太好解释啦。简单来说，煤油灯就是可以照明发亮的东西，外面那一层是玻璃做的，防风又透光。嗯，这就好像你们在晚上用火把照明一样，不过用煤油灯会更方便，也不用专门有人守护火把。"

"原来是这样，这个煤油灯可真好用。"小建多看了两眼煤油灯，像是要把它的样子记在心里。

3 "快快快！西湖博览会往这边走，咱们可是好不容易来了杭州，先去博览会看看！"

一个激动的声音在耳边响起，小建和小博互相对视一眼，小建一脸迷茫，小博却是稍稍愣了一下，随后恍然大悟。他朝小建比划了一个手势，小建竖起耳朵一听，很快就听到了一段对话。

"这个大会从去年就开始筹办了吧，是前几天开幕的吗？"

"是啊。以爱慕西湖之心以爱慕国产，筹办人也是煞费苦心啊。"

"当初为了筹办好博览会，各个部门负责人不仅在咱们浙江征集参展物品，还去上海征集各种机械和化学药品，去江西征集景德镇陶瓷，宣城的纸、徽州的墨、福州的漆器、宜兴的紫砂，甚至是南洋国家都有征集点来征集各种特色物品，可以说非常隆重了。"

"难怪，这两天好多大人物都来咱们杭州了，听说蔡元培先生也来了！"

"蔡先生也来了？这可真好！"

"毕竟是一次全国性的政治、经济、文教、科技的大会展嘛，人家外国人能开，咱们国家为什么不能开？此次西湖博览会有8馆2所，平湖秋月、中山公园至西泠桥和岳庙、里西湖都有会馆，听说展览期间，还会请中央航空署做飞行表演呢。"

"真的？那可是难得，走走走，咱们赶紧去看看！"

说话人三三两两地快步走过，小建眨眨眼，疑惑地问："他们说的博览会，是什么？"

小博解释说："他们说的是第一届西湖博览会，算起来的话，我们现在应该是在1929年的杭州，这一年，正好是第一届西湖博览会举办的时间。"

两人顺着前行的人流走着，小博继续给小建科普："这次的西博会其实也算是一次大型的展销会，盛况空前。来参观的人不仅有全国各地各行各业代表，还有海外商人和其他国家的参观团，可以说，这次博览会也是浙江省走向国际的一次尝试。"

"原来是这样。"小建了然地点点头，又问，"那咱们去看看吗？"

小博沉思了一会儿，又低头检查了时空罗盘，说："去看看吧。毕竟我们博物馆里有关民国的物品还是很多的。之前几次穿越，我们之所以能迅速定位到时空中的文物，是因为它们已经和阿夏接触过了，两者相遇会出现异常波动，这样我们才能根据这种文物的波动找到人。可是现在，阿夏有可能还没有接触到文物，所以时空罗盘显示不了文物的异常，只能显示时空的异常。就现阶段来说，西湖博览会里面的东西都是这个时代里面比较有代表性的，没准我们要找的就是某件博览会的展品。"

"你说的有道理。"小建说，"那罗盘能告诉我们阿夏离我们远吗？"

小博还没来得及开口说话，时空罗盘突然又一次响了起来。

嘀嘀嘀——

两人对视一眼，立刻朝着罗盘指示的方向跑去。

巷子口一家卖南北杂货的店铺门前，小建一眼就看到了正聚精会神盯着柜台瞧的阿夏。她穿着短短的虎皮裙，脸上没有了之前的害怕，反倒是兴致勃勃的。

"阿夏在看什么？那些是盘子吗？"小建疑惑地问。

4 小博抬头一瞧，店铺柜台上摆放着几只漂亮的搪瓷盘子。"那是为了纪念西湖博览会而做的搪瓷盘子，很有纪念意义的。"

"搪瓷？那是什么？"

"搪瓷是一种玻璃瓷釉，也叫珐琅，在金属表面上一层搪瓷可以防止金属生锈。而且它非常容易清洗，在这个时期很受人们喜爱。"

"那个盘子里面的图案是几个孩子嘛，他们在做什么？"小建一脸好奇。

"他们在做游戏呢，这是一种非常多见的图案。"小博笑眯眯地说，"这应该是中华珐琅厂制作的搪瓷盘子，像这样的纪念西博会的搪瓷盘子他们做了好多。"

"阿夏——"小建迫不及待地跑了过去，兴奋地喊道。

穿虎皮裙的小女孩吃了一惊，她觉得这个声音好耳熟啊。一转头，阿夏简直惊呆了！

"小建！小建！你怎么也在这里？我不是在做梦吧！"阿夏瞪大了眼睛喊。

小建连忙说，"哎呀哎呀，你当然没有在做梦啊，我就是来找你的！我和我的小伙伴小博一起追着你穿越过好多时空啦。"

阿夏原本还惊喜于突然见到了自己的小伙伴，听小建这么说，似乎想起了之前不断穿越的经历，立刻就红了眼眶，抽抽噎噎地说："我想……想家了，想回家！"

"啊呀呀，你怎么哭鼻子了。"小建挠挠头说，"我之前还和小博说你变得勇敢多了呢，怎么一转眼又哭了啊？"

阿夏抹了抹眼睛，奇怪地问："小博是谁？"

这时小博刚好走过来，笑眯眯地跟阿夏打着招呼："阿夏，我们终于找到你啦，小建可是追着你一路从良渚时期到现在的民国时期呢。"

阿夏歪着脑袋看小博，小建在一边介绍说："这就是我跟你说的小博，他是21世纪杭州博物馆的考古小博士，这回我能穿越时空找到你，可多亏了他。"

"啊，那可真是要谢谢你们啦！每次我去到不同地方，都担心自己找不到回家的路，幸好你们找到我啦。"阿夏感激地说。

小博挠挠头，不好意思地说。

"其实我们在找你的时候，也学到了不少有趣的知识呢。小博是考古小博士，给我介绍了好多东西，都可有意思了。"小建说，"而且，这一路走来，我看到了杭州的历史变迁，从我们生活的乌龟洞时代到21世纪，杭州的变化可以说非常非常大了。大家都在很努力地生活，每一个时代的每一个人其实都是在创造历史呢，特别有意义。"

"那你可得给我好好讲讲。"阿夏感兴趣地说。

"没问题！"小建得意地说道。

第九章 再见，小伙伴！

"好啦，既然找到了阿夏，大家也该回去了，毕竟你们并不属于这个时空，万一再引起时空乱流就不好了。"小博转向阿夏说，"对了，阿夏你带的那枝桂花树枝可不能再带走啦，你得把它给我。"

阿夏把桂花树枝从衣服里拿出来，好奇地问："你怎么知道我有一根花枝？那是小建给我的，可香了。"

小建和小博互相看了一眼，捂着嘴笑了起来。

"这些事情等我们回去乌龟洞了我再详细跟你说，这可是一个很长很长的故事。"小建神神秘秘地说。

"就是就是，这趟穿越时空之旅发生了好多好多事，一时半会儿可讲不完呢。"

几个孩子都笑了起来。

"好啦，我们该走啦。"小博对着小伙伴们说。

时空罗盘一转，他们又再次回到了乌龟山。

"我们要说再见了吗？"小建看看小博，依依不舍地说道。

"嘿嘿，你也别担心。说再见就是为了再一次相见嘛，这回你为了找回小伙伴，经历了这么多事情，这些都是你的收获啊。而且，如果你哪天想我了，我们还是可以再见面的呀。"

小建原本不舍地撅起了嘴，听到他这么说，仔细一回想，这一路他确实比上一回穿越得更从容、更勇敢，也更理智了；这一路的冒险旅程让自己长了好多见识，现在想来真是难以忘怀。

"嗯！那就这么说定了！"小建又想起之前小博来乌龟山找自己的事儿，顿时也不觉得有那么难受了。他相信，他们以后还是能再见面的。

"那我们就说再见吧，我也要回去21世纪的博物馆了，再见了，小建、阿夏！"小博一边朝他们挥手，一边慢慢地消失在了原地。

"再见！"小建朝着小博消失的空地轻轻地挥着手说道。

挥去心头空落落的感觉，小建提起精神转头对阿夏说："阿夏，族人们都等着，咱们赶紧回去吧！"

阿夏点点头，嘴角一扬，露出了两个小小的酒窝。

两人朝山洞方向走去，这是他们熟悉的世界，晚风轻拂，虫声唧唧，远处族人聚餐的火光在山洞里一闪一闪的，平凡的日子又开始了，似乎什么都没有发生过。

故事中的宝贝

【战国】几何纹平脊青铜剑

　　剑是古代格斗兵器，乃兵中王者，有"兵中之王"之称。青铜剑始于商代，春秋战国时期青铜剑锻造技术最为成熟，一般由铜、锡合金冶炼而成。剑的构造主要分为剑身和剑柄两部分。这把青铜剑长49.1厘米，剑身呈平脊状，剑柄上有两道圆形"箍"。剑格上铸有兽面纹，原有镶嵌物作装饰，现已脱落。剑首顶端有几何形图案。

　　西汉中期，铁制兵器逐渐取代了青铜兵器，青铜剑从此也渐渐退出了历史舞台。

文物小课堂
扫码请进

【西晋】越窑青瓷蛙形水盂

水盂，又称水丞、砚滴，主要作用是给砚台添水，为文房用器。这件西晋越窑青瓷蛙型水盂，高5厘米，口径2.5厘米，造型为一只匍匐着的蛙的样子。蛙腹扁鼓，体形肥硕，背部有一个管状圆孔，用作水盂口。蛙首雕塑细腻，头微微上昂，双目圆凸。整件器物通体施青黄釉，釉面有细碎纹片，是一件将实用性和趣味性完美结合的物品，体现了魏晋时期写实主义的审美风潮。

【晋】越窑青瓷鸡形盏

高5.9厘米，腹径10.4厘米，底径5.2厘米。圆弧形的腹部前端贴塑有一只尖喙的雏鸡头，腹部后端有一个上翘的鸡尾。整件器物通体施青釉，釉色青中带黄，腹部的口沿下侧还装饰了一圈斜格纹。鸡形灯盏流行于三国至东晋时期，它不仅为使用者带来光亮，同时也见证了那个时期灯具造型的创新。

【唐】越窑青瓷执壶

执壶，在唐代也称为"注子"或者"注壶"，为饮酒器。这件唐代的越窑青釉执壶，高26.5厘米，口径10.5厘米，底径11.8厘米。它体型硕大，壶撇口，短颈，溜肩，鼓腹。整体施青釉，釉面滋润光滑，色泽青中闪黄。颈部一侧置六棱短流，根部贴塑一五瓣花朵，另一侧置一曲柄，连于口、肩之间。

【北宋】建窑黑釉兔毫盏

高6厘米，口径11.9厘米，底径3.9厘米。建盏产自建窑，窑址在福建建阳一带，以烧黑釉瓷器而著称。建盏的黑釉能现出茶色的鲜白，厚胎又能保温，故在崇尚斗茶之风的宋代，备受推崇。建盏的釉色大致可分为黑釉、兔毫釉、鹧鸪斑釉(油滴釉)、曜变釉和杂色釉五等。此件建盏整体施黑釉，釉层醇厚下垂，釉面呈现出多条状结晶纹，细如兔毛，被称为"兔毫盏"。

【宋】黄玉卧兽

　　长7.5厘米，宽3厘米，高4.9厘米。用黄玉雕琢而成，玉质细腻，色泽温润，小兽呈匍匐状，目光前视，头上有一只独角，两只耳朵弯曲下垂，贴于脑后。口下细雕一撮胡须，脑后及耳朵下部雕刻有三缕长鬃，尾巴分三缕贴于臀部，四个爪子雕刻细腻有力，整体栩栩如生，甚是可爱。

【元】青花山子笔架

高9.3厘米，宽11.8厘米。笔架整体为海兽驮峰造型，下部浪花四起，四座山峰饰有如意云纹，一峰顶高悬一轮初升的太阳，通体施青白釉，胎质洁白细腻。整器用青花描绘峰峦、云朵、波浪和礁石，色彩淡雅。

该器物除有搁笔功能外，海鳌内部中空，可盛水作水盂之功用，一器两用，设计精巧，造型生动，极具文人气息，是元代青花瓷器中极其难得的一件文房用品，具有极高的历史、科学与艺术价值。

【元】蓝釉描金爵杯

爵是一种饮酒器和礼器，作用相当于酒杯。这件蓝釉描金爵是元代景德镇窑出产，仿造青铜爵造型制作而成，高8.2厘米，宽6.1厘米。爵的腹下三足鼎立，口沿上置一对立柱。爵身整体施宝石蓝釉，釉质润泽，内外均绘有金彩。其中外壁绘有干枝梅，内壁绘有描金月影梅。可惜描金已经大部分脱落，只留下一丝痕迹。

【清】青花釉里红莲瓣盘

　　高4.4厘米，口径13.3厘米，底径3.8厘米。盘为莲花型，内外壁绘层层莲瓣，莲花瓣边缘用青花勾勒，用釉里红竖线填描，花瓣错落有致。底部莲蓬用青花描绘其形，莲子以釉里红点芯。盘底有"大清康熙年制"青花双行六字楷书款。

【民国】西博会搪瓷盘

　　这是中华珐琅厂为杭州举办的第一届西湖博览会（1929年）定制的纪念品，直径约26厘米。盘内印有"立鹤牌·西湖博览会纪念"十个大字，盘中绘四个孩童嬉戏打闹的场景，生动活泼，配有"天真烂漫"四字款。搪瓷制品原为外国输入，到20世纪20年代，随着我国民族搪瓷工业的兴起，国产搪瓷产品才大量为民间使用。

图书在版编目（CIP）数据

寻找回家的路. 2 / 金霄航主编. — 杭州 ：浙江大学出版社，2021.8

ISBN 978-7-308-21102-4

Ⅰ．①寻… Ⅱ．①金… Ⅲ．①文物－中国－少儿读物 Ⅳ．①K87-49

中国版本图书馆CIP数据核字(2021)第033940号

寻找回家的路2

金霄航 主编

文字提供	高 嫄
插画提供	王小冰　杭州书瓷手作文化创意有限公司
责任编辑	王雨吟
责任校对	杨心怡
封面设计	黄晓意　王小冰
版　式	黄晓意

出版发行　浙江大学出版社
　　　　　（杭州市天目山路148号　邮政编码：310007）
　　　　　（网址：http://www.zjupress.com）

印　刷	浙江省邮电印刷股份有限公司
开　本	787mm×1092mm　1/12
印　张	9
字　数	45千
版 印 次	2021年8月第1版　2021年8月第1次印刷
书　号	ISBN 978-7-308-21102-4
定　价	78.00元